BEI GRIN MACHT SICH IHR
WISSEN BEZAHLT

Zur Lokalisation von Gesichtern. Echtzeitdetektion in Drohnenaufnahmen

Janik Tinz
Patrick Tinz

GRIN ☺

Bibliografische Information der Deutschen Nationalbibliothek:

Die Deutsche Nationalbibliothek verzeichnet diese Publikation in der Deutschen Nationalbibliografie; detaillierte bibliografische Daten sind im Internet über http://dnb.d-nb.de abrufbar.

ISBN: 9783346425140
Dieses Buch ist auch als E-Book erhältlich.

© GRIN Publishing GmbH
Nymphenburger Straße 86
80636 München

Druck und Bindung: Books on Demand GmbH, Norderstedt Germany
Gedruckt auf säurefreiem Papier aus verantwortungsvollen Quellen

Das Buch bei GRIN: https://www.grin.com/document/1022608

Hochschule Darmstadt

– Fachbereich Informatik –

Echtzeitdetektion von Gesichtern in Drohnenaufnahmen

Studienarbeit

im Modul Computer Vision

im Studiengang zum

Master of Science (M.Sc.) - Data Science

von **Janik Tinz & Patrick Tinz**

ZUSAMMENFASSUNG

In der Überwachungstechnik ist das maschinelle Sehen von großer Bedeutung, welches durch Computer Vision Methoden ermöglicht wird. Beim maschinellen Sehen wird zwischen der Lokalisierung (engl. detection) und der Erkennung (engl. recognition) unterschieden. Diese Arbeit beschäftigt sich mit der Lokalisierung von Gesichtern. Aus diesen Grund wird in dieser Arbeit ein Verfahren zur Detektion von Gesichtern in Drohnenaufnahmen vorgestellt. Als Drohne wurde die Ryze Tello Edu[1] eingesetzt. Die Detektion von Gesichtern wurde mithilfe der Bibliothek OpenCV umgesetzt. Als Algorithmus zur Lokalisierung der Gesichter wurde die Viola-Jones Methode [VJ01] verwendet. Im Ergebnis hat sich gezeigt, dass das verwendete Verfahren bei frontalen Gesichtern stabil funktioniert, allerdings bei seitlichen Gesichtern Probleme aufweist. Außerdem konnte mithilfe einer Parameteroptimierung die Anzahl der False Positives deutlich reduziert werden.

---

[1] https://www.ryzerobotics.com/de/tello-edu (Zugriff: 10.07.2020)

INHALTSVERZEICHNIS

ABBILDUNGSVERZEICHNIS

EINFÜHRUNG

Diese Arbeit untersucht die Methode von Viola und Jones [VJo1] zur Gesichtsdetektion in Drohnenaufnahmen. Die Detektion von Gesichtern in Videoaufnahmen kann bspw. bei Konferenzen oder Großveranstaltungen genutzt werden, um die Anzahl der Teilnehmer zu zählen. Das Zählen der Teilnehmer könnte eine Drohne effizient lösen. In diesem Zusammenhang treten im Bereich des maschinellen Sehens oft die beiden Begriffe Lokalisation (engl. detection) und Erkennung (engl. recognition) eines Gesichts auf. Es wird zwischen der Lokalisation eines Gesichts in einem Bild und der Zuordnung eines Gesichts zu einer Person unterschieden. In dieser Arbeit wird sich auf die effiziente Lokalisation eines Gesichts fokussiert. In diesem Kontext treten einige Problemstellungen auf, die einen großen Einfluss auf die Genauigkeit der Detektion haben. Einerseits können Gesichter gedreht oder verdeckt sein, andererseits spielen aber auch der Gesichtsausdruck sowie Gesichtsmerkmale, wie bspw. eine Brille, eine zentrale Rolle. Im Weiteren müssen auch die Lichtbedingungen berücksichtigt werden, da sie einen großen Einfluss auf die Detektion haben.

Hieraus ergeben sich folgende Forschungsfragen:

- **RQ1:** Wie gut funktioniert die Gesichtsdetektion mithilfe der Viola-Jones Methode in Drohnenaufnahmen?

- **RQ2:** Wie robust ist das Verfahren von Viola und Jones auf einem Bilddatensatz anhand der ROC-Kurve?

Das Ziel dieser Arbeit ist es, die Viola-Jones Methode anhand eines Bilddatensatzes zu evaluieren und im praktischen Kontext mithilfe einer Drohne auszutesten.

GESICHTSDETEKTION

Im wissenschaftlichen Kontext gibt es viele Ansätze, die sich mit der Lokalisierung von Gesichtern beschäftigen. Im Allgemeinen kann eine Unterscheidung zwischen wissensbasierten Methoden (engl. Knowledge-Based Methods), Methoden mit invarianten Merkmalen (engl. Feature Invariant Approaches), vorlagenbasierten Methoden (engl. Template Matching Methods) und erscheinungsbasierten Methoden (engl. Appearance-Based Methods) vorgenommen werden [MKA02]. Das wissensbasierte Verfahren basiert auf typischen Gesichtsstrukturen. Bei Methoden mit invarianten Merkmalen werden die strukturellen Eigenschaften und Merkmale von Gesichtern verwendet. Vorlagenbasierte Methoden verwenden die Korrelation zwischen der Vorlage und dem zu untersuchenden Bildbereich, um Gesichter zu lokalisieren. Als erscheinungsbasierte Methoden bezeichnet man Verfahren aus der Statistik und des Maschinellen Lernens.

2.1 VERWANDTE ARBEITEN

In wissenschaftlichen Arbeiten werden verschiedene Ansätze zur Detektion von Gesichtern aufgezeigt. Ein Ansatz für ein wissensbasiertes Verfahren zur Lokalisierung von Gesichtern mit einem komplexen Hintergrund ist ein hierarchisch wissensbasiertes Vorgehen [YH94]. Für die Microsoft HoloLens wurde ein Verfahren zur Gesichtsdetektion auf Basis der Viola-Jones Methode entwickelt. Die Viola-Jones Methode ist ein Verfahren, welches auf invarianten Merkmalen basiert [HSC19]. In der Vergangenheit wurden auch Verfahren verwendet, welche Template Matching zur Gesichtsdetektion verwendet haben [Iin+07]. Ein Ansatz für erscheinungsbasierte Verfahren sind neuronale Netze. In diesem Zusammenhang erbringen Faster R-CNNs sehr gute Ergebnisse [JL17].

Bei dieser Arbeit wird die Viola-Jones Methode verwendet, um Gesichter in Drohnenaufnahmen zu detektieren. Der Fokus dieser Arbeit liegt auf der Vorstellung der Viola-Jones Methode und einer Umsetzung anhand eines praxisnahen Anwendungsfalls.

2.2 FUNKTIONSWEISE DER VIOLA-JONES METHODE

Die Erklärung der Viola-Jones Methode basiert auf dem Paper [VJ01] von Viola und Jones. Der in dieser Arbeit untersuchte Objektdetektionsalgorithmus ermöglicht eine schnelle Verarbeitung der Bildern in Kombination mit einer hohen Detektionsrate. Die Viola-Jones Methode unterteilt sich in folgende drei Schlüsselkonzepte:

- Integralbild: Schnelle Auswertung der Bilder

- AdaBoost: Ermittlung von leistungsfähigen Merkmalen

- Kaskade: Kombination von Merkmalen in einer Kaskade

Im ersten Schritt muss das Bild in ein Grauwertbild umgewandelt werden. Der Grauwert wird mit der Formel $Grauwert = 0.299 \times Rotanteil + 0.587 \times Gruenanteil + 0.114 \times Blauanteil$ berechnet. Anschließend wird auf Basis des Grauwertbildes ein Integralbild berechnet. Die Abb. 2.1 zeigt eine schematische Darstellung mit vier Rechtecken. Der Wert eines Pixels (x,y) im Inte-

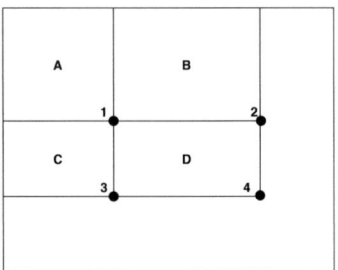

Abbildung 2.1: Integral-Bild (i. A. an [VJ01])

gralbild ergibt sich aus der Summe der Pixel oberhalb und links vom Pixel (x,y). Die Berechnung erfolgt mit folgender Formel:

$$ii(x,y) = \sum_{x' \leq x, y' \leq y} i\left(x', y'\right) \tag{2.1}$$

Das Integralbild kann mit den folgenden Rekursionen in einem Durchlauf berechnet werden. Hierbei bezeichnet $ii(x,y)$ das Integralbild, $i(x,y)$ das originale Bild und $s(x,y)$ die kumulative Zeilensumme ($s(x,-1) = 0$ und $ii(-1,y) = 0$).

$$s(x,y) = s(x,y-1) + i(x,y) \tag{2.2}$$

$$ii(x,y) = ii(x-1,y) + s(x,y) \tag{2.3}$$

In diesem Zusammenhang würde an der Stelle 1 die Summe der Pixel von Rechteck A, an Stelle 2 die Summe von $A + B$, an Stelle 3 die Summe von $A + C$ und an Stelle 4 die Summe aus $A + B + C + D$ im Integralbild stehen. Die Summe von D wird mit $4 + 1 - (2 + 3)$ berechnet. Eine zentrale Erkenntnis aus der Berechnung des Integralbildes ist, dass je heller der Bildbereich ist, desto größer ist auch die Summe. Im Kontext von Gesichtern spielt diese Eigenschaft eine wichtige Rolle, da es dort typischerweise Helligkeitsunterschiede gibt. Die Augenbrauen sind beispielsweise dunkler als die Augen. Aus diesen Erkenntnissen über Gesichter stammen die Haar-like features, die in dieser Arbeit auch Basismuster genannt werden. In den Abbildungen 2.2, 2.3 und 2.4 sind einige Basismuster des Verfahrens zu sehen.

Abbildung 2.2: Kanten-Merkmale

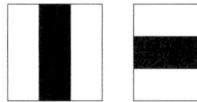

Abbildung 2.3: Linien-Merkmale

Abbildung 2.4: Viereck-Merkmale

Die Summe der Pixel des jeweils schwarzen und weißen Bereichs können mithilfe des Integralbilds gebildet werden und die Differenz kann berechnet werden. Aus diesem Ergebnis der Berechnung wird schließlich ein Vergleichswert berechnet. Die Abb. 2.5 veranschaulicht ein Kantenmerkmal und ein Linienmerkmal anhand eines Beispielbilds aus dem FDDB (Face Detection Data set and Benchmark) Datensatz[1]

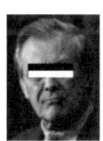

Abbildung 2.5: Beispielbild mit Basismustern

Nach der Berechnung des Vergleichswerts folgt im nächsten Schritt ein modifizierter AdaBoost Algorithmus. Als Boosting bezeichnet man einen Algorithmus, der mehrere schwache Klassifikatoren zu einen starken Klassifikator kombiniert. In der Viola-Jones Methode wird der AdaBoost Algorithmus angewendet, um die Klassifikatoren zu finden, deren Merkmale zu

---

1 http://vis-www.cs.umass.edu/fddb/ (Zugriff: 14.07.2020)

einer zuverlässigen Gesichtslokalisierung führen. Zum Finden der Klassifikatoren werden positive (Bsp.: Gesichter) und negative (Bsp.: einfarbige Hin-
tergründe) Trainingsbilder benötigt. Wenn die Basisauflösung des Detektors
24x24 Pixel beträgt, dann ist der vollständige Satz an Rechteckmerkmalen
mit über 180000 sehr groß. Es wird deutlich, dass es mehr Merkmale als
Pixel gibt. Aus diesem Grund wurde der AdaBoost Algorithmus von Viola und Jones optimiert, indem nur eine kleine Merkmalsmenge kombiniert
wird, um einen starken Klassifikator zu konstruieren.

Zur Steigerung der Leistung wird im dritten Schritt eine Kaskade verwendet. In diesem Zusammenhang werden mehrere starke Klassifikatoren trai-
niert und nacheinander in mehreren Stufen auf das Bild angewendet. Die
Autoren Viola und Jones verwenden in ihrem Verfahren ca. 6000 Merkmale in 38 Stufen mit 1, 10, 25, 25, 50 Merkmalen in den ersten fünf Stufen
[Ope]. In der ersten Stufe wird mit dem schlechtesten Klassifikator begon-
nen und nur mit den feineren Klassifikatoren bei einem positiven Ergebnis
weiter gemacht. Ist das Ergebnis negativ wird abgebrochen und das Detekti-
onsfenster wird weitergeschoben. Diese Kombination von Klassifikatoren in
einer Kaskade dient zur Eliminierung von Hintergrundrauschen.

3

PROTOTYP

_____

3.1 KONZEPT

Dieser Abschnitt stellt das abstrakte Konzept der Arbeit vor. Das Vorgehen ist in vier Schritte unterteilt. Im ersten Schritt wird ein vortrainierter Classifier aus der OpenCV Bibliothek ausgewählt. Anschließend werden Gesichter in einem Beispieldatensatz bzw. in dem Videostream einer Drohne detektiert. In nächsten Schritt findet eine Markierung der Gesichter im Bild mithilfe einer Bounding Box statt. Im letzten Schritt werden einige Parameter des vortrainierten Classifiers optimiert, indem die optimalen Parameter für den Anwendungsfall empirisch ermittelt wurden.

3.2 REALISIERUNG

Im Abschnitt Konzept wurde das theoretische Vorgehen vorgestellt, dieses wird in diesem Abschnitt prototypisch umgesetzt. Der Prototyp wurde in der Programmiersprache Python und mithilfe der Bibliotheken OpenCV (4.2.034) und TelloPy (0.6.0) umgesetzt. Im Weiteren wurde die Ryze Tello Edu[1] als Drohne, welche in Abbildung 3.1 zu sehen ist, verwendet. Die Drohne besitzt eine 5 MP Kamera mit einer Auflösung von 720p, welche horizontal nach vorne ausgerichtet ist.

Im Rahmen dieser Arbeit wurde eine Vorgehensweise entwickelt, wie eine Gesichtslokalisierung mit der Drohne umgesetzt werden kann. Die Abbildung 3.1 zeigt den Aufbau des entwickelten Prototyps. Die Sensor- und

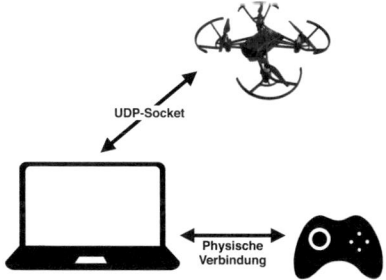

Abbildung 3.1: Aufbau des Prototyps

Aktorsignale, sowie der Videostream der Drohne konnten über einen UDP-

_____

1 https://www.ryzerobotics.com/de/tello-edu/specs (Zugriff: 16.07.2020)

6

Socket ausgelesen werden. Außerdem wurde ein Programm entwickelt, wodurch es möglich ist, die Drohne über einen PS4-Controller zu steuern. Der Controller benötigt dazu eine physische Verbindung zum Laptop. In dieser Arbeit wird sich allerdings ausschließlich auf die Auswertung des Videostreams hinsichtlich der Gesichtslokalisierung fokussiert.

Bei der Auswertung des Videostreams wird auf jeden Frame die Open-CV Implementierung der Viola-Jones Methode *detectMultiScale()* angewendet. Im ersten Schritt der Auswertung wird der Frame in ein Grauwertbild umgewandelt. Anschließend wird das vortrainierte Machine Learning Modell aus einer xml-Datei geladen. Es wird dafür die OpenCV-Funktion *cv2.CascadeClassifier()* verwendet. Im nächsten Schritt wird die OpenCV-Funktion *detectMultiScale()* auf dem Objekt des vortrainierten Modells aufgerufen. Im Weiteren wurden einige Parameter der Funktion *detectMultiScale()* empirisch optimiert. Im letzten Schritt werden die gefundenen Gesichter im Videostream eingezeichnet.

4

EVALUATION UND ERGEBNISSE

In diesem Abschnitt wird gezeigt, wie der Algorithmus gegen die Anfälligkeit von False Positives optimiert werden kann. In unserem Anwendungsfall ist es das Ziel frontale Gesichter präzise zu erkennen, dabei sollen möglichst wenige Gesichter fälschlicherweise erkannt werden. Während der Evaluation wurden einige Parameter zur Optimierung vom Viola-Jones Algorithmus ausprobiert. Die Untersuchung hat gezeigt, dass vor allem mithilfe von zwei Parameter die Anzahl von False Positives reduziert werden kann. Die zwei zentralen Parameter[1] lauten:

- *scaleFactor (default: 1.1)*: Reduzierung des Bildes bei jeder Skalierung

- *minNeighbors (default: 3)*: Mindestanzahl der Nachbarn jedes Kandidatenrechtecks, um beibehalten zu werden.

Die Parameter wurden mithilfe des Datensatzes FDDB (Face Detection Data set and Benchmark)[2] optimiert. Die Vorgehensweise zur Erstellung dieses Datensatzes kann der Arbeit von Jain und Learned-Miller [JLM10] entnommen werden. Der Datensatz enthält 2845 Bilder mit insgesamt 5171 Gesichtern. Im Weiteren sind in dem Datensatz Bilder mit niedriger Auflösung, sowie Grauwert- und Farbbilder vorhanden. Außerdem sind die Gesichter teilweise seitlich fotografiert. (vgl. [JLM10])

Die Evaluation der Viola-Jones Methode wurde auf Basis einer Receiver Operating Characteristic (ROC)-Kurve durchgeführt, welche in der Arbeit [JLM10] vorgestellt wurde. Die Autoren legen dabei fest, dass eine Detektion genau zu einem Gesicht gehört. Bei einer mehrfachen Detektion zählt nur eine Detektion zu den True Positives, die anderen werden zu den False Positives gezählt. Der Grad der Übereinstimmung zwischen einer Detektion d und der annotierten Region in den Daten l wird als das übliche Verhältnis zwischen der Schnittfläche und der verbundenen Fläche definiert:

$$S(d,l) = \frac{\text{area}(d) \cap \text{area}(l)}{\text{area}(d) \cup \text{area}(l)} \tag{4.1}$$

In dieser Arbeit wurde der Score für die Übereinstimmungen mithilfe der OpenCV Bibliothek berechnet. Anschließend wurde die Bezeichnung des Bilds, die Anzahl der erkannten Gesichter im Bild, die Koordinaten der Bildregion, in welcher das jeweilige Gesicht erkannt wurde, und der Score in eine Datei herausgeschrieben. In einem weiteren Schritt wurde diese Datei mit den Labels verglichen. Dieser Schritt wurde mit einem Evaluationsskript

---

1 https://docs.opencv.org/3.4/d1/de5/classcv_1_1CascadeClassifier.html (Zugriff: 21.07.2020)
2 http://vis-www.cs.umass.edu/fddb/index.html#download (Zugriff: 21.07.2020)

8

durchgeführt, welches durch die Autoren [JLM10] zur Verfügung gestellt wurde. Die Ausgabe des Skripts ist eine ROC-Kurve.

Die ROC-Kurve stellt den Trade-Off zwischen der True-Positive-Rate und der False-Positive-Rate dar [Fawo6]. Bei dieser Metrik werden die False Positives auf der x-Achse aufgetragen. In dieser Arbeit wurde nicht die False-Positive-Rate aufgetragen, sondern die absoluten Werte. Die True-Positive-Rate befindet sich entsprechend auf der y-Achse. Zur Interpretation der ROC-Kurve ist anzumerken, dass ein zufälliger Klassifikator auf der Winkelhalbierenden liegt [Fawo6]. Ein schlechter Klassifikator liegt unterhalb dieser Linie und ein Klassifikator wird immer besser je weiter er von der Winkelhalbierenden nach oben abweicht. Ein weiteres Kriterium bei der ROC-Kurve ist der Area under the ROC curve (AUC)-Score, bei welchem die Fläche unterhalb der Kurve berechnet wird. Ein guter Klassifikator hat eine Fläche > 0.5.

In Abb. 4.1 ist die ROC-Kurve vom unoptimierten Algorithmus zu sehen. Auf der x-Achse sind ca. 1000 False Positives zu erkennen. Diese Anzahl be-

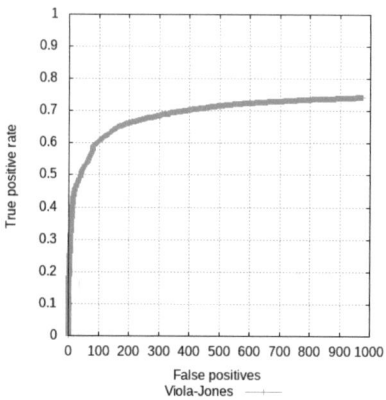

Abbildung 4.1: ROC Kurve ohne Optimierung

deutet, dass ca. 1000 Gesichter detektiert wurden, obwohl es keine Gesichter waren. Die y-Achse zeigt, dass die True-Positive-Rate bei ca. 73% liegt. In Abb. 4.2 ist die ROC-Kurve des optimierten Algorithmus gezeigt. In dieser Grafik beträgt die Anzahl der False Positives noch ca. 185. Das bedeutet, dass deutlich weniger Gesichter fälschlicherweise detektiert werden. Es ist allerdings auch zu erkennen, dass die True-Positive-Rate etwas abgenommen hat. Die True-Positive-Rate beträgt in dieser Grafik ca. 68%. Der Grund hierfür ist, dass durch die Optimierung einige seitlichen Gesichter nicht mehr erkannt werden. Es ist allerdings generell festzustellen, dass die Viola-Jones Methode seitlich fotografierte Gesichter schlecht erkennt.

Das Ergebnis der Evaluation zeigt, dass die Anzahl der False Positives durch die Optimierung deutlich reduziert werden konnte. Der Parameter

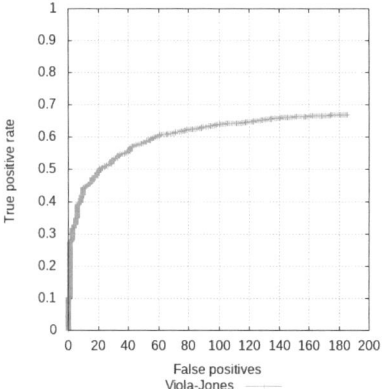

Abbildung 4.2: ROC Kurve mit Optimierung

scaleFactor wurde nach der Optimierung auf 1.2 eingestellt und der Parameter *minNeighbors* wurde auf 5 gesetzt. Durch die Änderung dieser Parameter konnte in den Drohnenaufnahmen ein deutlich präziseres Tracking der Gesichter ermöglicht werden. Anhand eines Beispielbilds aus dem untersuchten Datensatz, welches in Abb. 4.3 zu sehen ist, soll dies kurz illustriert werden. Auf dem ersten Bild ist ein False Positive zu erkennen. Es werden

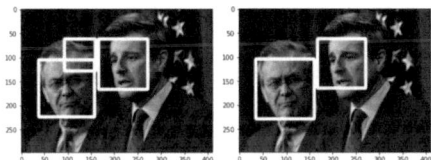

Abbildung 4.3: Links (minNeighbors=3) und Rechts (minNeighbors=5)

fälschlicherweise drei Gesichter erkannt. Der Grund hierfür ist, dass der Algorithmus den Haaransatz vermutlich als Augenbraue erkennt. Außerdem besitzt der Mann auf der Stirn eine Falte, wodurch vermutlich eine Nase erkannt wird. Dieses falsch erkannte Gesicht ist auf den Parameter *minNeighbors* zurückzuführen, da jedem Merkmal mindestens drei Nachbarn zugeordnet werden konnten. Bei der Optimierung wurde diese Parameter von *minNeighbors=3* auf *minNeighbors=5* umgestellt. Durch diese Umstellung konnte der False Positive entfernt werden.

5

ZUSAMMENFASSUNG UND AUSBLICK

In dieser Arbeit wurde eine Möglichkeit vorgestellt, wie Gesichter in Drohnenaufnahmen lokalisiert werden können. Außerdem wurde die Viola-Jones Methode erklärt und die Echtzeitfähigkeit mithilfe einer Drohne bewiesen. Es wurde herausgefunden, dass die Viola-Jones Methode ein schnelles und effizientes Verfahren zur Gesichtsdetektion darstellt, falls es sich um frontale Gesichter handelt. Bei seitlich fotografierten Gesichtern weist die Viola und Jones Methode eine geringere Präzision auf, da die Kernmerkmale wie bspw. Augen, Nase oder Mund nicht mehr erkannt werden können. Im Weiteren wurde durch die Optimierung gezeigt, dass die Anzahl der False Positives durch zwei zentrale Parameter deutlich reduziert werden konnten.

Es ist allerdings auch anzumerken, dass in der Arbeit nur ein Algorithmus untersucht wurde. In zukünftigen Arbeiten kann der Versuchsaufbau genutzt werden, um weitere Algorithmen wie bspw. Convolutional Neural Networks zur Gesichtslokalisierung in Drohnenaufnahmen zu untersuchen.

[Faw06]   Tom Fawcett. "An introduction to ROC analysis". In: *Pattern recognition letters* 27.8 (2006), S. 861–874.

[HSC19]   Jing Huang, Yunyi Shang und Hai Chen. "Improved Viola-Jones face detection algorithm based on HoloLens". In: *EURASIP Journal on Image and Video Processing* 2019.1 (2019), S. 1–11.

[JLM10]   Vidit Jain und Erik Learned-Miller. *FDDB: A Benchmark for Face Detection in Unconstrained Settings*. Techn. Ber. UM-CS-2010-009. University of Massachusetts, Amherst, 2010.

[JL17]   H. Jiang und E. Learned-Miller. "Face Detection with the Faster R-CNN". In: *2017 12th IEEE International Conference on Automatic Face Gesture Recognition (FG 2017)*. 2017, S. 650–657.

[Jin+07]   Zhong Jin, Zhen Lou, Jingyu Yang und Quansen Sun. "Face detection using template matching and skin-color information". In: *Neurocomputing* 70.4-6 (2007), S. 794–800.

[MKA02]   Ming-Hsuan Yang, D. J. Kriegman und N. Ahuja. "Detecting faces in images: a survey". In: *IEEE Transactions on Pattern Analysis and Machine Intelligence* 24.1 (2002), S. 34–58.

[Ope]   OpenCV. *Cascade Classifier*. https://docs.opencv.org/3.4/db/d28-/tutorial_cascade_classifier.html. Zugriff: 24.07.2020.

[VJ01]   Paul Viola und Michael Jones. "Rapid object detection using a boosted cascade of simple features". In: *Proceedings of the 2001 IEEE computer society conference on computer vision and pattern recognition. CVPR 2001*. Bd. 1. IEEE. 2001, S. I–I.

[YH94]   Guangzheng Yang und Thomas S Huang. "Human face detection in a complex background". In: *Pattern recognition* 27.1 (1994), S. 53–63.